Winter-Spaß mit Scoubidou

Seid ihr auch im Knüpffieber? In diesem Buch zeige ich euch, wie ihr aus Scoubidoubändern tolle Sachen für die Winter- und Weihnachtszeit knüpfen könnt. Tannen, Sterne und Zuckerstangen, Nikoläuse, Engelchen, Eisbären, Pinguine, Elche und Rentiere sehen toll an Weihnachtsbaum oder Päckchen aus, sind aber auch „solo" gern genommene Geschenke.

Es ist immer wieder spannend zu sehen, welche Kunstwerke durch die Kombination unterschiedlicher Farben und unterschiedlicher Knoten entstehen. Schon eine andere Reihenfolge der Bänder ergibt einen völlig anderen Effekt. Probiert's aus! Viel Spaß!

Inge Walz

MATERIALIEN

- **Scoubidoubänder** in Transparent oder Opak, mit oder ohne Glitter, 80 cm oder 1 m lang. In den Anleitungen ist ein Band – sofern nicht anders angegeben – immer 80 cm bis 1 m lang.
- **Holzperlen** als Köpfe und als Abschluss für Hände und Beine. Ist das Bohrloch zu klein, kann es mit der Bohrmaschine, einem Handbohrer oder der Schere erweitert werden. Manchmal reicht es auch, wenn eine Feile vorsichtig im Loch gedreht wird.
- Die Augen können mit einem feinen schwarzen Filzstift aufgemalt oder **Wackelaugen** aufgeklebt werden. Die Wackelaugen mit der Pinzette fassen, Klebstoff auftragen und dann auf dem Kopf platzieren.
- **Plastikperlen:** Auch hier können die Löcher wie bei den Holzperlen beschrieben leicht größer gebohrt werden.
- **Moosgummi** wird z. B. für den Eisbärenkopf, die Engelsflügel etc. verwendet.
- **Draht:** Zum Formen der Bänder kann Draht in sie eingezogen werden. Messing-, Silber- oder Golddraht ist dazu gleichermaßen gut geeignet. Die Drahtstärke kann unterschiedlich sein, z. B. für Locken oder zum Einziehen in Arme und Beine kann Draht mit ø 0,4 mm bis ø 0,6 mm verwendet werden. Zum Verstärken der Bänder kann Draht, ø 0,7 mm und ø 1 mm, benutzt werden. Probier aus, welche Drahtfarbe am besten zum Modell passt.

Folgende **WERKZEUGE** und **HILFSMITTEL** solltest du zur Hand haben. Sie werden in den Materiallisten nicht eigens aufgeführt.

- Acrylfarbe in Weiß, Schwarz und Hautfarbe, feine Filzstifte in Schwarz und Rot, Buntstift in Rot.
- Schere zum Abschneiden der Schnüre, für Moosgummi und Filz.
- Cutter mit Schneideunterlage zum Halbieren von Holzperlen. Lass dir dabei von einem Erwachsenen helfen.
- Pinzette zum Fassen von Wackelaugen
- Als Klebstoff eignet sich am besten UHU Hart, es geht aber auch Sekundenkleber oder sonstiger Kraftkleber.
- Seitenschneider zum Schneiden der Drähte.
- Rundzange zum Biegen der Engelsflügel aus Draht.
- Vorstech- oder Teppichnadel zum Weiten des Geflechts.
- Stricknadel oder Schaschlikstäbchen zum Drehen der Locken.

GESICHT GESTALTEN

Köpfe aus Holzperlen erst hautfarben bemalen, dann mit Bleistift das Gesicht vorzeichnen und mit Filzstiften nachfahren. Die Wangen mit dem Buntstift röten. Lichtpunkte in den Augen mit einer Drahtspitze und weißer Acrylfarbe setzen.

So geht's

In diesem Buch gibt es rund, eckig, rechteckig und spiralförmig geknüpfte Scoubidou. Man kann fast jede Form mit jeder beliebigen Anzahl Bänder knüpfen. Wenn man das Prinzip verstanden hat, kann man sogar ganz dicke Scoubidou aus 12 und mehr Bändern knüpfen.

Technik 1: Eckige Scoubidou mit 4 Bändern

1 Die Bänder a und b über die Bänder c und d zu Schlaufen legen.

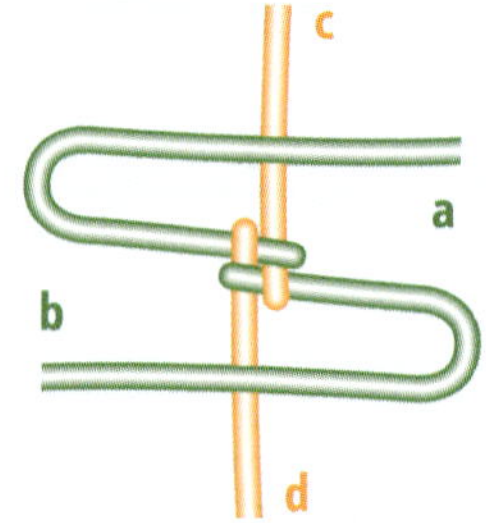

2 Die Bänder c und d in die Schlaufen einfädeln.

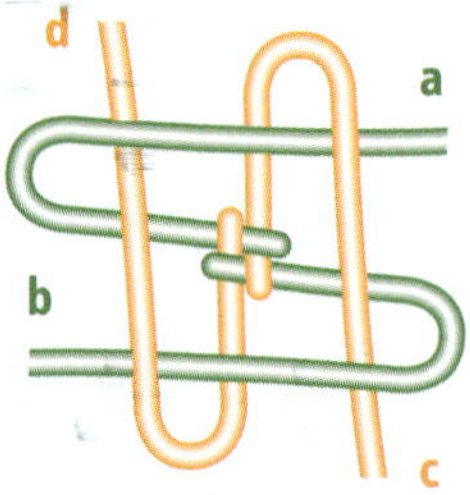

3 Die Bänder festziehen. Es entsteht ein quadratischer Knoten.

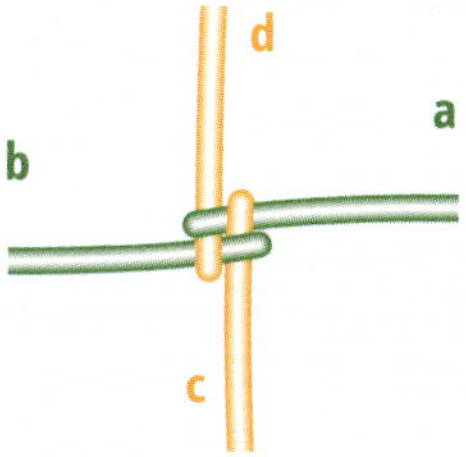

4 Den 2. und alle weiteren Knoten knüpfst du genauso. Damit das Scoubidou eckig wird, musst du darauf achten, dass ein Bandende immer auf dieselbe Seite wie beim vorangegangenen Knoten gelegt wird. So fährst du fort, bis die gewünschte Länge erreicht ist.

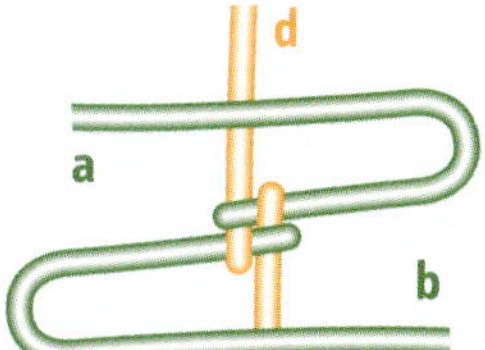

Technik 2: Runde Scoubidou mit 4 Bändern

1 Den 1. Knoten knüpfst du wie bei Technik 1, eckige Scoubidou mit 4 Bändern.

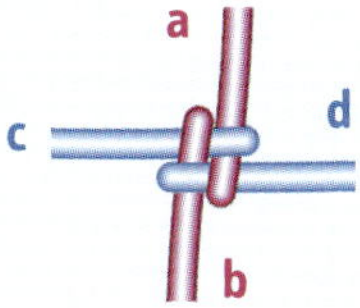

2 Beim nächsten Knoten jedoch legst du die Bänder a und b diagonal über die Bänder c und d zu Schlaufen.

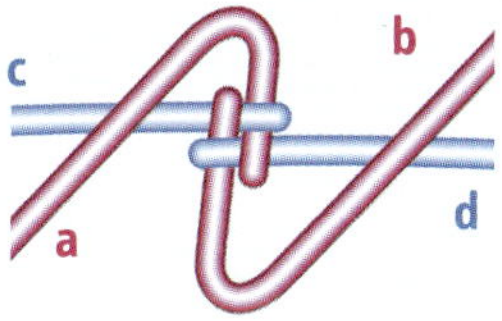

3 Die Bänder c und d in die Schlaufen einfädeln und festziehen. Wenn du immer so fortfährst, erhältst du einen runden Scoubidoustrang.

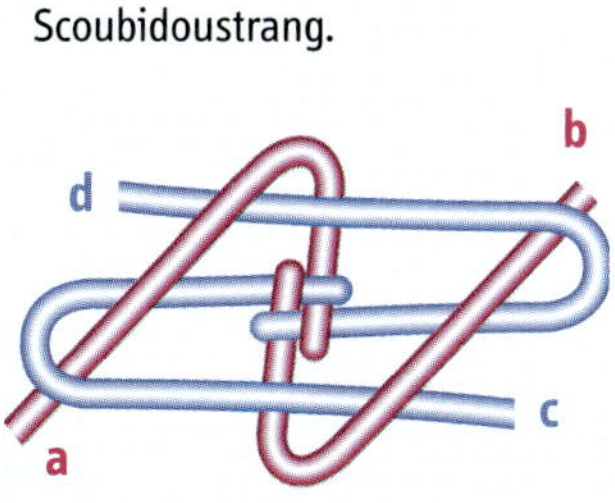

Nach dem selben Prinzip kannst du auch runde Scoubidou mit 3, 5 oder beliebig vielen anderen Bändern arbeiten: Band a im Bogen auf b, b im Bogen auf c und c durch die Anfangsschlaufe von a ziehen. Alle Bänder anziehen.

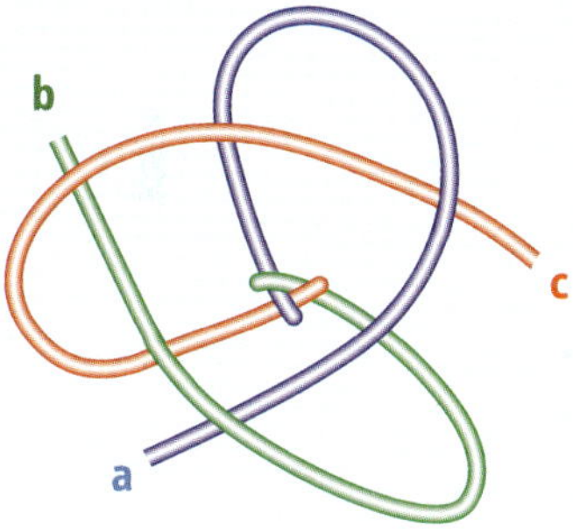

Tipp: Wie bei den spiralförmigen Scoubidou kannst du auch hier im Uhrzeigersinn oder gegen den Uhrzeigersinn arbeiten. Machst du im Wechsel einen Knoten im, einen gegen den Uhrzeigersinn, wird das Geflecht nicht rund, sondern drei-, fünf- oder eben so vieleckig, wie du Bänder verwendet hast.

Technik 3: Rechteckige Scoubidou mit 6 und mehr Bändern

1 Die Bänder gemäß der Zeichnung anordnen. Die Bänder a und b sind die so genannten Leitschnüre, c, d, e und f nennt man Knüpfschnüre. Die Knüpfschnüre werden über die Leitschnüre geknüpft.

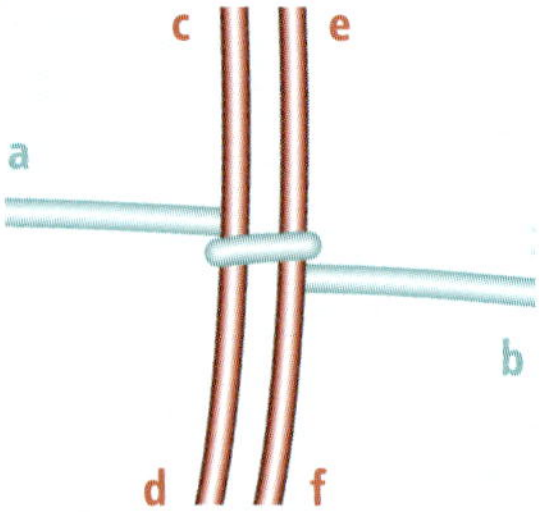

2 Die Bänder a und b über die übrigen Bänder zu Schlaufen legen.

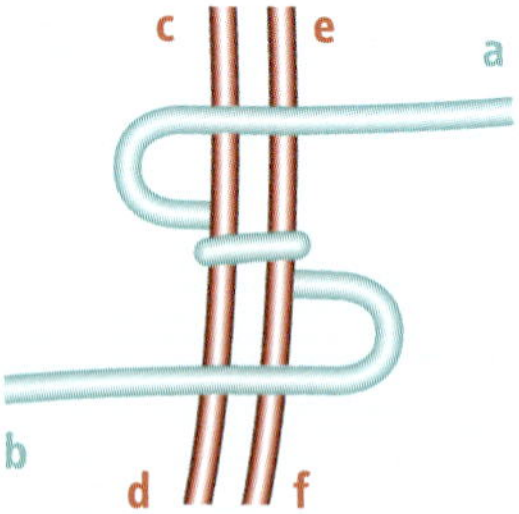

3 Wie beim Weben nun die Knüpfbänder c, d, e und f in die Schlaufen der Leitbänder einflechten.

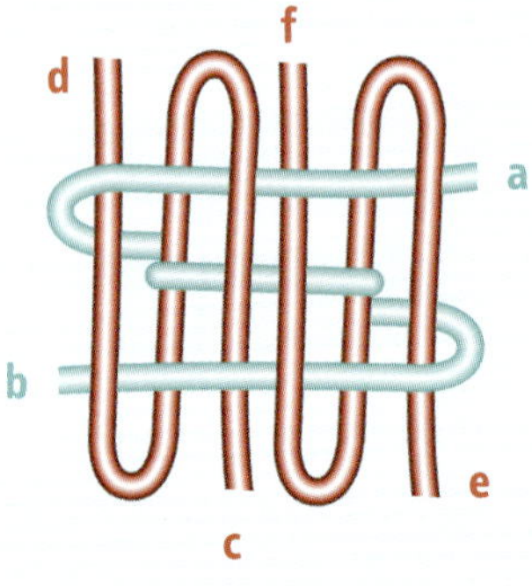

4 Die Bänder festziehen. Es entsteht ein Rechteck aus 8 kleinen Karofeldern.

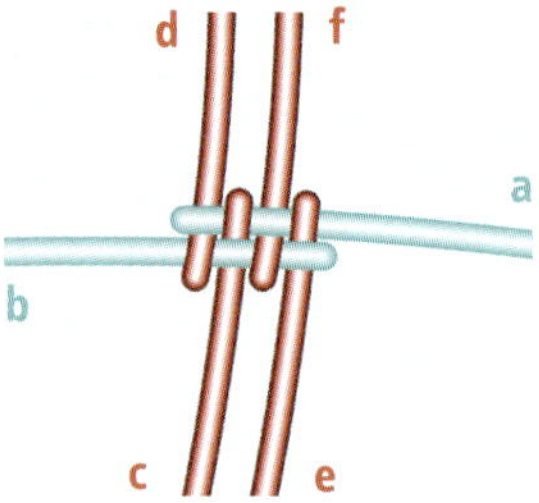

5 Erneut die 2 Leitschnüre zu Schlaufen legen und die Knüpfschnüre einweben. Wichtig ist auch hierbei, dass die Bänder immer auf die gleiche Seite wie zuvor, also immer parallel zueinander, gelegt werden.

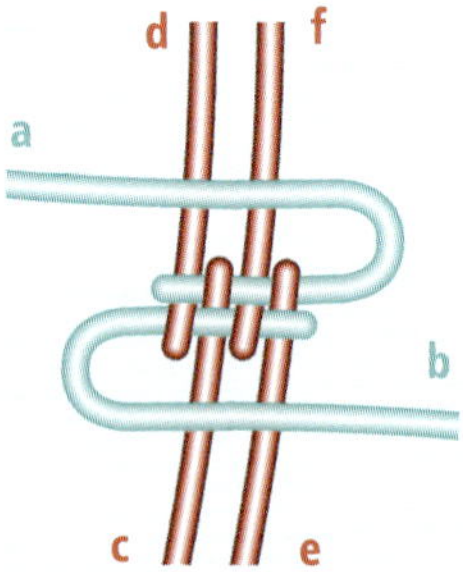

Auf dieselbe Art und Weise kannst du auch rechteckige Scoubidou aus 8 oder 10 (oder mehr) Bändern knüpfen. Seitlich befinden sich immer 2 Leitschnüre, zwischen denen eine beliebige gerade Anzahl weiterer Bänder angeordnet werden kann.

Technik 4: Spiralförmige Scoubidou mit 6 und mehr Bändern

1 Ordne die Bänder wie bei Technik 3 an und knüpfe den 1. Knoten wie dort beschrieben. Für den 2. und jeden weiteren Knoten legst du die Leitschnüre diagonal über die Knüpfschnüre zu Schlaufen.

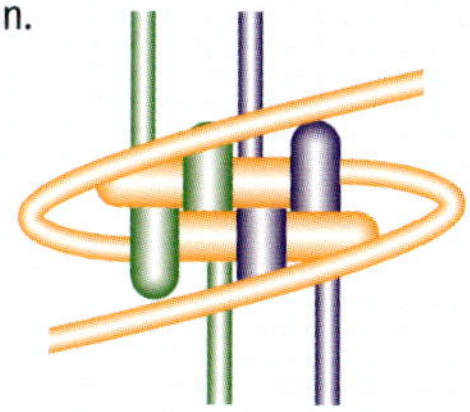

2 Nach und nach die Knüpfschnüre einflechten. Auch sie werden schräg gelegt. Gut festziehen. Durch das diagonale Legen verschieben sich die Knoten in der Ebene zueinander und es entsteht eine Spirale. Je nachdem, ob man die Schnüre im Uhrzeigersinn oder gegen den Uhrzeigersinn diagonal legt, ändert die Spirale ihre Richtung.

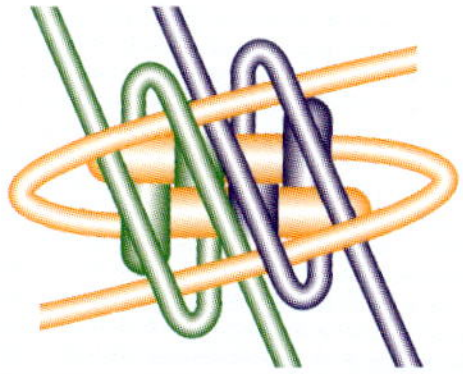

Auch diese Technik kann mit mehr Bändern gearbeitet werden. Es bleibt immer bei den 2 waagerechten Leitschnüren, die gerade Anzahl der senkrechten Knüpfschnüre kann beliebig (d. h., so lange du den Überblick behältst) erweitert werden.

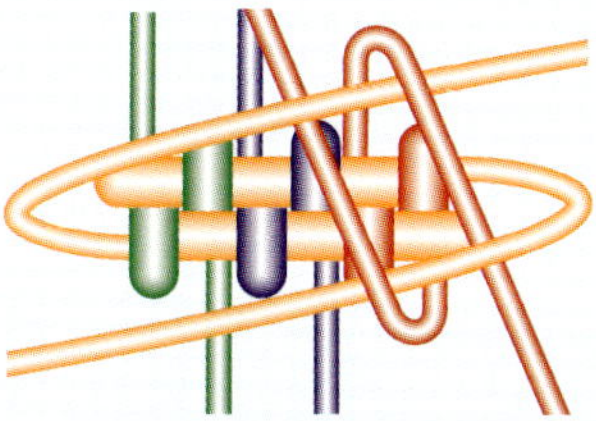

Überhandknoten

Es handelt sich dabei um den einfachen, herkömmlichen Knoten. Er dient dazu, mehrere Bänder am Anfang oder Ende einer Arbeit vorübergehend zusammenzuhalten oder um Kugeln zu sichern.

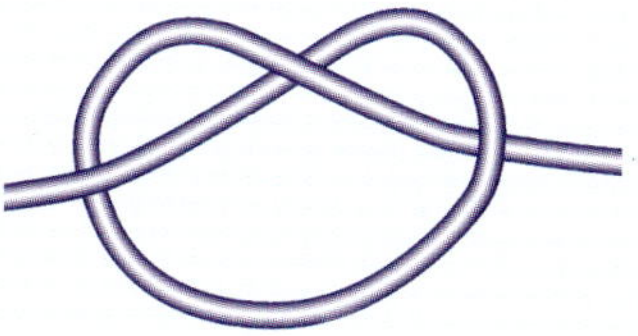

Wellenknoten

Der Wellenknoten wird wie der erste Teil des Weberknotens (siehe Seite 6) gelegt, jedoch die Schlinge immer von der gleichen Seite formen, entweder sämtliche Schlingen von rechts oder alle von links. Dieser Knoten dreht sich nach ca. vier bis fünf Schlingen spiralförmig. Drehen lassen und immer wieder von der gleichen Seite weiterknüpfen. Wichtig ist, dass die Leitschnüre immer gespannt bleiben.

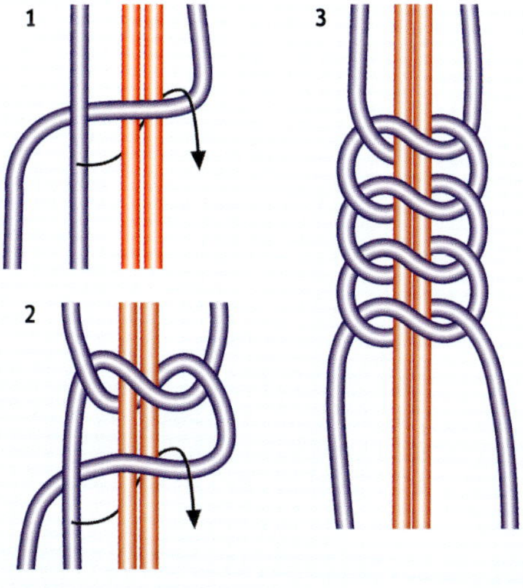

Weberknoten

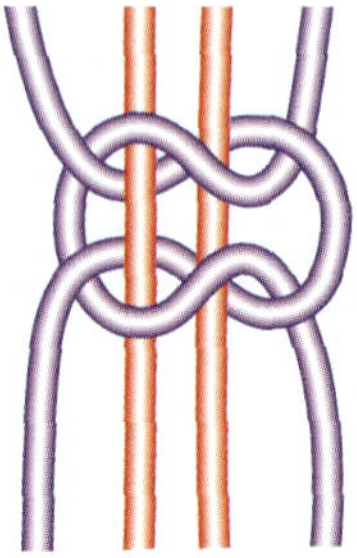

Der Weberknoten besteht aus mindestens 1 bis beliebig vielen Leitschnüren und mindestens 2 Knüpfschnüren, auf jeder Seite 1. Die Knüpfschnüre können natürlich auch doppelt oder mehrfach gelegt werden.

1 Die rechte Schnur in einem Bogen waagrecht über die Leitschnüre legen, die linke Schnur darüber legen und die linke Schnur hinter den Leitschnüren nach rechts durch die Öse führen (= ½ Knoten).

2 Der 2. Teil des Knotens wird gegengleich ausgeführt: Eine Schlinge von rechts, eine von links (Schritt 1 + 2 = 1 Knoten). Gezählt wird an den Bögchen, die sich am Rand bilden.

Tipp: 1 Weberknoten aus 2 Bändern ohne Leitschnur entsteht, wenn du 1 Überhandknoten und darüber gegengleich nochmals 1 Überhandknoten machst.

Kettknoten

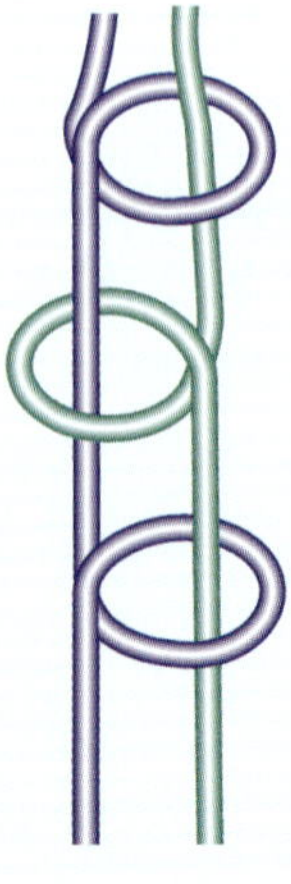

1 Der Knoten wird mit 2 Bändern geknüpft. Die rechte Schnur als Leitschnur spannen und die linke Schnur als Knüpfschnur darauf legen. Hinter der Leitschnur durchziehen (= ½ Knoten).

2 Die bisherige Knüpfschnur als Leitschnur spannen und die andere Schnur als Knüpfschnur auf die Leitschnur legen. Hinter der Leitschnur durchziehen (Schritt 1 + 2 = 1 Knoten). Wichtig: Beim Anziehen des Knotens die Leitschnur stets fest spannen.

Eisbären

→ nützlich auf dem Tisch

1 Den Kopf auf Moosgummi übertragen, ausschneiden, die Wackelaugen aufkleben und die Nase und Innenohren aufmalen.

2 Die 2 Schnüre mitteln und zusammenknoten.

3 Ca. 12 cm runde Scoubidou mit 4 knüpfen, dabei nach 2 bis 3 Knoten den Draht einstecken und in der Mitte mitführen. Vor dem Festziehen des letzten Knotens Klebstoff auftragen, die Bänder gut anziehen und das Drahtende abschneiden.

4 Das geknüpfte Stück zu einem Kreis legen. Das längste Bandende durch die Anfangsöse ziehen und mit 1 Weberknoten Anfang und Ende fest verbinden.

5 Den Knoten mit etwas Klebstoff sichern. Den Kopf aufkleben.

Tipp: Die Bänder sehen so marmoriert aus, da die anderen Bänder in der Packung abgefärbt haben. Wenn du ganz weiße Bänder willst, musst du sie nach dem Kauf gleich aus der Packung nehmen.

MATERIAL PRO EISBÄR

- 2 Scoubidoubänder in Weiß
- Moosgummi in Weiß
- 2 Wackelaugen, ø 6 mm
- Draht, ø 0,6 mm, 12 cm lang

KNOTEN

- runde Scoubidou mit 4
- Weberknoten

MATERIAL ENGELCHEN IN BLAU-TRANSPARENT

- je 1 Scoubidouband in Transparent und Blau transparent
- 2 Scoubidoubänder in Transparent, 30 cm lang
- Holzperle, ø 2 cm, hautfarben bemalt
- Aludraht in Silber, ø 2 mm, 7 cm und 6 cm lang
- Draht, ø 0,4 mm, 3 x 6 cm und evtl. 2 x 12 cm lang (Arme)
- Aludraht in Blau, ø 1 mm, 15 cm lang

ENGELCHEN IN ROSA

- 4 Scoubidoubänder in Rosa
- Scoubidouband in Violett transparent, halbiert = 2 Schnüre
- 2 Scoubidoubänder in Rosa, ca. 30 cm lang (Arme, bleibt übrig)
- Holzperle, ø 2 cm, hautfarben bemalt
- Steckdraht, ø 1 mm, 20 cm lang
- Aludraht in Violett, ø 2 mm, 8 cm, 10 cm und 15 cm lang
- Langhaarplüsch in Weiß, 3,5 cm x 1 cm

KNOTEN

- runde Scoubidou mit 4
- eckige Scoubidou mit 4
- rechteckige Scoubidou mit 6, 8, 10 und 12
- Wellenknoten
- Kettknoten

Engelchen

→ überbringen die frohe Botschaft

Engelchen in Blau-Transparent

1 Die 2 langen Bänder mitteln und nach ca. 4 cm mit 1 Überhandknoten zusammenknoten.

2 Ca. 10 cm runde Scoubidou mit 4 knüpfen. Den Überhandknoten wieder lösen und mit den transparenten Schnüren über die 2 blauen Schnüre 4 Wellenknoten knüpfen.

3 Alle 4 Bänder durch die bemalte Holzperle ziehen. Aus 1 überstehenden Band eine ca. 3 cm lange Öse biegen und das Ende mit Hilfe einer Vorstechnadel wieder zurück in die Holzkugel kleben. In die restlichen Schnurenden Draht einziehen und zu Locken formen. Die Locken am Kopf ankleben.

4 Für die Arme die 2 kurzen transparenten Schnüre durch den letzten Wellenknoten ziehen und auf jeder Seite je 3 cm Kettknoten arbeiten. Mit 1 Überhandknoten abschließen. Damit die Arme formbar werden, kann in die Schnüre jeweils ein Drahtstück eingezogen werden.

5 Für die Flügel auf der Rückseite in zwei Ösen der obersten Knüpfreihe das 7 cm lange und 2 Reihen darunter durch zwei Ösen das 6 cm lange Aludrahtstück stecken. Die Enden mit der Rundzange eindrehen. Den blauen Aludraht zu einem Stern biegen und dem Engel in die Hand geben.

Engelchen in Rosa

1 Der Engel wird von unten nach oben geknüpft. 1 rosa Schnur mitteln und daran im farblichen Wechsel die restlichen Bänder anknoten. Die rosa Schnur als Leitschnur verwenden und darüber 8 Reihen rechteckige Scoubidou mit 12 knüpfen, dabei nach der 3. Reihe den Steckdraht in der Mitte einlegen und mitführen.

2 Die 2 rosa Bänder in der Mitte nicht mehr mitknüpfen, 1 Reihe rechteckige Scoubidou mit 10 knüpfen und dann 2 violette Schnüre hängen lassen. 1 Reihe rechteckige Scoubidou mit 8 knüpfen und die restlichen 2 violetten Schnüre ebenfalls

hängen lassen. Nach der darauf folgenden Reihe rechteckige Scoubidou mit 6 alle Schnüre bis auf die mittleren 4 hängen lassen. Vor der letzten Knotenreihe eckige Scoubidou mit 4 zwei 30 cm lange rosa Bänder für die Arme parallel zu den Leitschnüren einlegen.

3 Pro Arm 8 feste Kettknoten knüpfen und am Ende jeweils mit 1 Überhandknoten versehen. Alle Schnüre abschneiden.

4 Den Steckdraht durch die bemalte und mit dem Plüschstück beklebte Holzperle stecken und festkleben. Die Flügel auf der Rückseite mit Hilfe einer Vorstechnadel durch jeweils zwei violette Knotenösen stecken und formen. Den Drahtstern legen und durch die Haare hindurch in die Bohrung in der Holzkugel kleben.

Vorlage

Pinguine

→ neugierig

1 Der Körper wird von oben nach unten gearbeitet. 2 schwarze Schnüre mitteln und nach ca. 3 cm mit 1 Überhandknoten verbinden. 2 Reihen eckige Scoubidou mit 4 knüpfen. Vor dem Festziehen des 2. Knotens waagrecht 1 weitere schwarze Schnur einlegen.

2 Mit der eingelegten schwarzen Schnur als Leitschnur 1 Reihe rechteckige Scoubidou mit 6 knüpfen und vor dem Festziehen 1 weitere schwarze Schnur senkrecht in die Mitte einlegen. 1 Reihe rechteckige Scoubidou mit 8 knüpfen. Vor dem Festziehen des Knotens senkrecht in der Mitte 1 weiße Schnur einlegen, 1 Reihe rechteckige Scoubidou mit 10 knüpfen und dabei in der Mitte auch die 2. weiße Schnur senkrecht einlegen. 9 bis 10 Reihen rechteckige Scoubidou mit 12 arbeiten.

3 Vor dem Festziehen der letzten Reihe Klebstoff auftragen und jeweils durch die Randöse 1 orangefarbene Schnur ziehen und mitteln. Alle Schnüre gut festziehen.

4 Nachdem der Klebstoff getrocknet ist, für die Füße aus den orangefarbenen Schnüren jeweils 10 Kettknoten arbeiten, das Knotenband umbiegen und durch die gleiche Knotenöse auf der Rückseite ziehen, mit 1 festen Weberknoten anknüpfen und nochmals mit Klebstoff sichern. Alle unteren Schnurenden abschneiden.

5 Den Überhandknoten oben lösen, die Bänder durch die schwarz bemalte Holzkugel ziehen, die Schlaufen aufschneiden, in die Schnurenden Draht einziehen und mit einer Stricknadel zu Locken drehen. Moosgummi-Schnabel und Wackelaugen aufkleben.

Vorlage
Schnabel 2 x

MATERIAL PRO PINGUIN

- 4 Scoubidoubänder in Schwarz
- Scoubidouband in Weiß, halbiert = 2 Bänder
- Scoubidouband in Orange, halbiert = 2 Bänder
- Holzperle, ø 2 cm, schwarz bemalt
- Moosgummi in Orange
- 2 Wackelaugen, ø 6 mm
- Draht, ø 0,4 mm, 4 x 6 cm lang

KNOTEN

- eckige Scoubidou mit 4
- rechteckige Scoubidou mit 6, 8, 10 und 12
- Kettknoten
- Weberknoten

Sterne

→ für Sternstunden

MATERIAL PRO STERN

- 3 Scoubidoubänder in verschiedenen Gelbtönen
- Silberdraht, ø 6 mm, 30 cm lang (oder eine fertige Sternform aus Draht)
- Kristallperle in Transparent, ø 1 cm oder ø 1,5 cm (großer Stern)
- Rocaille in Transparent, ø 2 mm
- Nylonfaden
- evtl. Glitter Glue in Gold

KNOTEN

- runde Scoubidou mit 3 und 4

1 Die 3 Schnüre parallel legen und an einem Ende mit 1 Überhandknoten zusammenbinden. Runde Scoubidou mit 3 knüpfen, dabei den 30 cm langen Draht in die Mitte nehmen. Pro Zacken ca. 8 bis 10 Knoten knüpfen. Die Sternform kann entweder während des Knüpfens gleich oder erst zum Schluss anhand der Vorlage geformt werden.

2 Den Überhandknoten wieder lösen, aus 4 Schnüren 2 Reihen runde Scoubidou mit 4 knüpfen, dabei von Anfang und Ende je 1 Schnur in die Mitte nehmen. Vor der letzten Reihe Klebstoff auftragen und gut festziehen. Gegenüberliegend die Kristallperle zusammen mit einer Rocaille mit Nylonfaden in die Sternspitze hängen.

Variation: Die fertige Sternform mit runden Scoubidou mit 3 einknüpfen und mit 3 Reihen runde Scoubidou mit 4 enden. 2 Schnüre in die Mitte nehmen, mit 1 Band eine kleine Aufhängeschlaufe legen und diese vor dem Festziehen des letzten Knotens wieder zurückführen, das Schnurende mit Klebstoff bestreichen.

Tipp: Du kannst an den Zackenspitzen anstelle der Scoubidouknoten auch jeweils 1 Weberknoten knüpfen.

Nikolaus

→ im Doppelpack

MATERIAL NIKOLAUS LINKS

- je 2 Scoubidoubänder in Rot, 1 m und 50 cm lang
- 2 Scoubidoubänder mit Drahteinlage in Rot, 30 cm lang (Arme)
- Scoubidouband in Weiß, 20 cm lang
- Rohholzperle, ø 2 cm
- halbierte Holzperle in Rot, ø 6 mm
- 2 Rohholzperlen, ø 1 cm
- 2 Marionettenfüße, 2,5 cm lang, schwarz bemalt
- Pompon in Weiß, ø 1 cm
- Filz in Rot
- Langhaarplüsch in Weiß, 3,5 cm x 1 cm
- Draht, ø 1 mm, 5 cm lang

KNOTEN

- eckige Scoubidou mit 4
- runde Scoubidou mit 3 und 4
- rechteckige Scoubidou mit 6, 8 und 10

NIKOLAUS RECHTS

- 5 Scoubidoubänder in Rot
- 2 Scoubidoubänder in Rot, 30 cm lang (Arme)
- 2 Scoubidoubänder in Schwarz, 20 cm lang
- Silberdraht, ø 0,7 mm
- Rohholzperle, ø 2 cm
- halbierte Holzperle in Rot, ø 6 mm
- 2 Wackelaugen, ø 4 mm
- Filz in Rot
- Pompon in Weiß, ø 1 cm
- Kurzhaarplüsch in Weiß, 3,5 cm x 1 cm

- Kettknoten
- Wellenknoten
- Weberknoten

Nikolaus links

1 Den Drahtrest in den bemalten Kopf kleben. Den Plüsch-Bart und die Mütze aus Filz mit dem Pompon ebenfalls aufkleben.

2 2 lange rote Bänder mitteln und an den Draht knoten. 1 Knoten eckige Scoubidou mit 4 um den Draht arbeiten. Vor dem Festziehen des nächsten Knotens die 2 je 30 cm langen Bänder als Arme waagrecht sowie die 2 übrigen langen Bänder senkrecht einlegen. Den Knoten gut festziehen.

3 Für den Nikolausmantel rechteckige Scoubidou mit 8 knüpfen. Dabei die Leitschnur immer weniger fest anziehen, also länger lassen, so dass der Mantel nach unten hin breiter wird. Die Mantellänge insgesamt beträgt ca. 3 cm (ungefähr 8 Reihen). Mit der weißen Schnur den Mantel unten umschlingen.

4 Die Bänder teilen und die Beine aus runden Scoubidou mit 4 arbeiten. Die Bandenden in die Holzfüße kleben.

5 Die Arme aus je 6 Kettknoten knüpfen. Die Fadenenden in eine Kugel kleben und abschneiden.

Nikolaus rechts

1 3 rote Bänder mitteln und zusammenbinden. 2 Reihen eckige Scoubidou mit 6 knüpfen, dabei vor dem Festziehen der 2. Reihe die 4. Schnur senkrecht sowie ein Drahtstück so einlegen, dass es an der oberen Seite ca. 3 cm zum Aufsetzen der Holzperle heraussteht.

2 Weiter eckige Scoubidou mit 8 knüpfen. Wieder vor dem Festziehen der 2. Reihe eine weitere Schnur senkrecht einlegen. Eckige Scoubidou mit 10 bis zu einer Gesamtlänge von 3 cm knüpfen, dabei die Knoten etwas in die Breite ziehen. Die Leitschnüre und die 2 mittleren Schnüre hängen lassen und später abschneiden. Für die Beine jeweils aus den 3 restlichen Schnüren 2 cm runde Scoubidou mit 3 knüpfen. Dabei wieder ein Drahtstück in der Mitte mitknüpfen.

3 Für die Stiefel je 1 schwarzes Band mitteln und mit 3 Wellenknoten über die 3 roten Schnüre anknüpfen, 2 Weberknoten knüpfen. Die Knüpfarbeit umdrehen und an der Unterseite 1 weiteren festen Weberknoten aus 2 Schnüren knüpfen, dabei vor dem Festziehen Klebstoff auftragen. Draht und die roten Schnüre direkt am letzten Knoten abschneiden.

4 Für die Arme am 1. Knoten 1 rote Schnur so einhängen, dass eine Seite 7 cm und die andere 23 cm lang ist. Die Schnur spannen und darüber mit der langen Schnur 3,5 cm Schlingenknoten knüpfen. Die lange Schnur an der Hüfte wieder durch eine Knotenöse ziehen und auf der Rückseite mit 1 Weberknoten zusammenknoten. Bart, Nase und Augen aufkleben und den Kopf auf dem Draht fixieren.

5 Für die Rute 4 schwarze Schnüre, 7 cm lang, mit einem Drahtrest zusammenbinden und die Schnurenden an einer Seite einschneiden. Die Mütze zusammenkleben und auf dem Kopf fixieren. Den Pompon befestigen.

Vorlage

Noch mehr Engelchen

→ Schutz nicht nur für die Winterzeit

MATERIAL ENGEL IN LILA

- je 1 Scoubidouband in Dunkellila transparent, Violett transparent, Transparent und Lila
- Scoubidouband in Dunkellila transparent, ca. 20 cm lang (bleibt übrig)
- Holzperle, ø 2 cm, hautfarben bemalt
- 2 Wackelaugen, ø 3 mm
- 2 Plastikperlen in Lila, ø 6 mm
- Draht, ø 0,4 mm, 3 x 6 cm und 18 cm lang

ENGEL IN WEISS

- 3 Scoubidoubänder in Weiß
- Holzperle, ø 1,8 cm, hautfarben bemalt
- 4 Holzperlen in Weiß, ø 8 mm
- Moosgummi in Weiß und Rot
- Golddraht, ø 0,4 mm, 5 x 6 cm und 10 cm lang
- Abacafaser in Gelb

KNOTEN

- eckige Scoubidou mit 4
- rechteckige Scoubidou mit 6 und 8

Engel in Lila

1 Den Körper von oben nach unten knüpfen. Die lila und die violette transparente Schnur mitteln und nach ca. 4 cm 1 Überhandknoten fertigen. 2 Reihen eckige Scoubidou mit 4 knüpfen. Waagrecht vor dem Festziehen des 2. Knotens die transparente Schnur einlegen. Mit den transparenten Bändern als Leitschnüre 2 Reihen rechteckige Scoubidou mit 6 arbeiten.

2 Senkrecht in die Mitte vor dem Festziehen des letzten Knotens die opake lila Schnur einlegen. 10 Reihen rechteckige Scoubidou mit 8 knüpfen. Vor dem Festziehen der letzten Reihe Klebstoff anbringen und nach dem Trocknen die Schnüre abschneiden.

3 Den Überhandknoten vom Anfang lösen und die 4 Schnüre durch die bemalte und mit Wackelaugen beklebte Holzperle ziehen. Die Bandenden auf 6 cm kürzen, Draht einziehen und über einer Stricknadel zu Locken drehen. Die violetten Locken zurechtschneiden, die lila Locken etwas auseinander ziehen und am Kopf ankleben. Aus 10 cm violetter Schnur (Rest) eine Schlaufe legen und beide Enden in die Holzkugel kleben, dabei eine Vorstechnadel zum Einstecken verwenden.

4 In die 20 cm lange Schnur das lange Drahtstück stecken. Das Band durch eine Öse in Schulterhöhe ziehen, ein Stück vorne als Arm stehen lassen, auf der Rückseite als Flügel eine Schlinge formen. Durch die mittlere lila Öse ziehen und eine weitere Schlinge, also den zweiten Flügel legen, wieder durch die Öse ziehen, nach vorne legen und auf gleicher Höhe wie der andere Arm durch eine Knotenschlinge ziehen. Die beiden Arme gleich lang schneiden und mit je einer Perle bekleben.

Engel in Weiß

1 Von 1 Band 12 cm für die Arme abschneiden. 1 lange Schnur mitteln und durch die Bohrung der bemalten Holzperle ziehen. Oben eine Schlaufe von ca. 3 cm Länge überstehen lassen. Ein Büschel Abacafaser mit Hilfe des 10 cm langen Drahtstücks bündeln und am Draht ebenfalls durch die Perle nach unten ziehen.

2 Ein weiteres Band mitteln, die Knickstelle mit wenig Klebstoff versehen und 5 mm weit in die Kugel drehen. Die 3. Schnur unterhalb des Kopfes festbinden und als Leitschnur verwenden. 8 Reihen rechteckige Scoubidou mit 6 knüpfen; dabei nach der 1. Reihe für die Arme das 12 cm lange Stück weiße Schnur waagrecht einlegen. Auf den vorletzten Knoten vor dem Anziehen etwas Klebstoff auftragen und die 2 mittleren Schnüre abschneiden. 1 Reihe eckige Scoubidou mit 4 knüpfen, wieder Klebstoff auftragen und 2 Schnüre abschneiden.

3 In die übrigen 2 Bänder als Beine sowie die Arme Draht einziehen. Arme und Beine über eine Stricknadel wickeln und die Schnurenden mit Perlen bekleben.

4 Flügel und Herz auf Moosgummi übertragen und ausschneiden. Das Herz am Golddraht befestigen und umhängen, die Flügel an den Rücken kleben.

Vorlage

24. Weihnachten!

MATERIAL RUNDER WICHTEL

- je 2 Scoubidoubänder in Rot und Rot transparent
- 2 Scoubidoubänder in Rot, 9 cm lang
- Filz in Rot
- Metallglocke in Rot, ø 1,5 cm
- Baumwollfaden in Rot
- Holzperle, ø 2 cm, hautfarben bemalt
- 2 Marionettenfüße, 1,8 cm lang, schwarz bemalt
- 2 Holzperlen in Rot, ø 8 mm
- halbierte Holzperle in Rot, ø 6 mm (Nase)
- 2 Wackelaugen, ø 3 mm
- Draht, ø 0,65 mm, 2 x 9 cm und 10 cm lang

KULI-WICHTEL

- 2 Scoubidoubänder in Rot
- 3 Scoubidoubänder in Rot transparent
- 2 Scoubidoubänder in Rot transparent, 8 cm lang (Arme, Mütze abbinden)
- Holzperle, ø 2 cm, hautfarben bemalt
- halbierte Holzperle in Rot, ø 6 mm (Nase)
- 2 Wackelaugen, ø 4 mm
- 2 Holzperlen in Rot, ø 8 mm
- 4 Holzperlen in Schwarz, ø 4 mm
- Kugelschreibermine, 10,5 cm lang
- Strickschlauch in Rot, 2,5 cm breit, 6 cm lang
- Silberdraht, ø 0,7 mm, 2 x 8 cm und 4 cm lang

KNOTEN

- runde Scoubidou mit 4 und 5

Rote Wichtel

→ kugelrund oder mit Kuli

Runder Wichtel

1 Alle 4 Schnüre mit 1 Überhandknoten zusammenknoten und 10 cm runde Scoubidou mit 4 knüpfen, dabei nach dem 1. Knoten den 10 cm langen Draht einlegen und in der Mitte einknüpfen. Die Drahtenden ab-zwicken.

2 Den Überhandknoten vom Anfang lösen. Das Knotenband zu einem Kreis legen, die 4 transparenten Schnüre in die Mitte nehmen und darüber mit den 4 restlichen Schnüren 2 Reihen runde Scoubidou mit 4 knüpfen.

3 Die transparenten Schnüre einzeln fest anziehen und abschneiden. Die restlichen 4 Schnüre durch die bemalte und beklebte Holzkugel ziehen und fest anspannen.

4 Die Mütze aus Filz ausschneiden, zusammenkleben und am Kopf fixieren. Die Glocke am Baumwollfaden in die Mitte hängen.

5 Die kurzen Bänder mit Draht bestücken und als Arme und Beine auf der Rückseite durch je eine Öse ziehen. Die Perlen und die Füße aufkleben.

Kuli-Wichtel

1 Alle Schnüre parallel legen und durch die Holzkugel ziehen. Sitzen die Schnüre nicht straff, noch zusätzlich festkleben.

2 Runde Scoubidou mit 5 knüpfen, dabei die Kugelschreibermine in der Mitte mitführen. Ist das Loch in der Holzkugel groß genug, kann die Mine einige Milimeter in die Kugelöffnung gesteckt werden. Nach 5 Reihen das mit Draht bestückte Band für die Arme waagrecht einlegen. Vor dem Festziehen der letzten Reihe an der Minenspitze Klebstoff auftragen.

3 Die schwarzen Holzperlen aufkleben. Das Gesicht mit Augen und Nase bekleben und den Mund aufmalen. Die roten Holzperlen auf die Arme kleben. Die Mütze am Rand einrollen, auf den Kopf kleben und mit 1 Schnur mit Drahteinlage zusammenbinden.

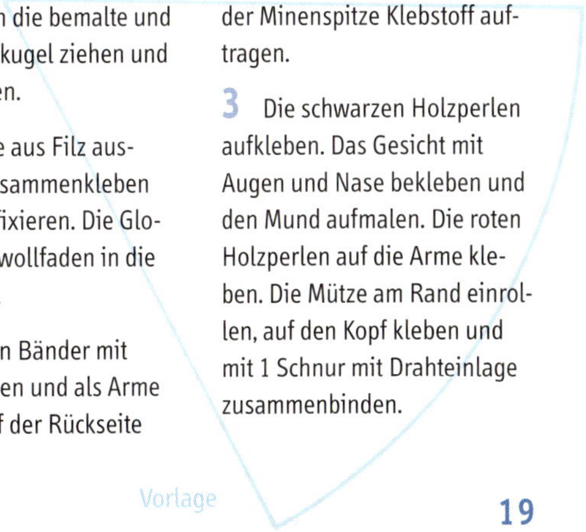

Glocken

→ witzige Baumanhänger

MATERIAL PRO GLOCKE

- je 1 Scoubidouband in 3 verschiedenen Lilatönen
- Draht, ø 0,6 mm, 17 cm, 15 cm oder 12 cm lang (je nach Größe der Glocke)
- Plastikperle in Lila, ø 6 mm
- Kristallperle, ø 1,2 cm
- Rocaille in Transparent, ø 2 mm
- Perlgarn in Lila
- Nylonfaden

KNOTEN

- runde Scoubidou mit 3 und 4
- Weberknoten

1 Begonnen wird oben: Die 3 Schnüre parallel legen und nach 4 cm mit 1 Überhandknoten zusammenbinden.

2 5 cm (mittlere Glocke 4,5 cm, kleine Glocke 3,5 cm) runde Scoubidou mit 3 knüpfen, dabei nach dem 1. Knoten den Draht in die Mitte stecken: je größer die Glocke werden soll, desto länger muss das Drahtstück sein.

3 Den Draht abknicken und über 1 Schnur und den Draht 1 festen Weberknoten als Ecke knüpfen. Weitere 4 cm (mittlere Glocke 3,5 cm, kleine Glocke 3 cm) runde Scoubidou mit 3 arbeiten, wieder den Draht knicken (es entsteht ein Dreieck) und 1 weiteren Weberknoten über den Draht und 1 Band sowie weitere 5 cm (mittlere Glocke 4,5 cm, kleine Glocke 3,5 cm) runde Scoubidou mit 3 arbeiten.

4 Das Geflecht in Glockenform bringen, den Überhandknoten lösen und 1 Knoten runde Scoubidou mit 4 arbeiten, dabei die übrigen 2 Schnüre in die Mitte nehmen.

5 1 Band aus der Mitte zur Schlinge legen, mit etwas Klebstoff bestreichen, das Bandende in die Mitte des Geflechts zurückführen und nochmals 1 Knoten runde Scoubidou mit 4 darum knüpfen. Vor dem Festziehen auch die letzte Knotenreihe mit Klebstoff bestreichen. Alle Schnüre festziehen und abschneiden.

6 Eine Kristallperle und eine Rocaille an einem Nylonfaden in die Glocke hängen. Den Knoten mit Klebstoff sichern. Die andere Perle am Perlfaden befestigen, einen Nylonfaden als Aufhänger anbringen. Den Knoten im Nylonfaden zusätzlich mit Klebstoff sichern.

Schneemänner

→ von wegen frostig

Kuli-Schneemann

1 Der Schneemann wird von oben nach unten gearbeitet. Die 4 Schnüre parallel legen und nach ca. 2 cm mit 1 Überhandknoten zusammenfassen.

2 Runde Scoubidou mit 4 knüpfen. Nach der 2. Reihe die Kulimine mit dem oberen Ende voran einstecken. Nach ca. 1,5 cm 1 Schnur durch eine schwarze Holzperle ziehen und direkt unter die erste Perle nach 2 weiteren Knoten eine weitere Perle fädeln. So fortfahren, bis alle schwarzen Perlen aufgefädelt sind.

3 Bis ca. 1 cm über der Kulispitze knüpfen und vor dem Festziehen der letzten Reihe Klebstoff auftragen. Die Enden abschneiden.

4 Den Überhandknoten am anderen Ende wieder lösen und alle 4 Schnüre durch die bemalte und mit der halbierten Holzperle beklebte Holzkugel ziehen. Die Bänder festziehen, nach 1 cm abschneiden und den Zylinder aufkleben.

5 Für die Arme je ein 30 cm langes Band mittig durch eine Knotenöse ziehen. 3 cm Kettknoten knüpfen. Auf Höhe der vorletzten Perle festknoten und mit Klebstoff fixieren.

6 In den roten Faden Draht einstecken, ihn als Schal mehrmals um den Hals wickeln und die Enden mit Perlen verzieren.

Schneemann mit rundem Bauch

1 Die 3 weißen Schnüre nach ca. 8 cm mit 1 lockeren Überhandknoten verbinden.

2 13 cm runde Scoubidou mit 3 knüpfen. Das Geflecht zu einem Fragezeichen legen. Mit einer Vorstechnadel eine Öse lockern, alle 3 Schnüre durch die Öse ziehen und weitere 3,5 cm knüpfen.

3 Den Überhandknoten vom Anfang wieder lösen, die kürzesten Schnüre in die Mitte legen und mit den 4 längsten rundum 2 Reihen runde Scoubidou mit 4 knüpfen. Alle Schnüre fest anziehen und durch die bemalte und beklebte Holzkugel ziehen.

4 Die Bandenden auf eine Länge von 4 cm kürzen, die Drähte einziehen und über einer Stricknadel kräuseln.

5 Draht in das rote Band stecken und als Schal umbinden. Mit einer Nadel im oberen Kreis zwei und im unteren Kreis drei Holzperlen auf schwarzem Faden einziehen und beidseitig festknoten.

MATERIAL KULI-SCHNEE-MANN

- 4 Scoubidoubänder in Weiß
- 2 Scoubidoubänder in Weiß, 30 cm lang
- Scoubidouband in Rot, 20 cm lang
- Silberdraht, ø 6 mm, 20 cm lang
- Holzperle, ø 2 cm, weiß bemalt
- 3 Holzperlen in Rot, ø 6 mm, (1 als Nase, mit dem Cutter halbieren)
- 4 Holzperlen in Schwarz, ø 6 mm
- Velours-Zylinder in Schwarz, ø 4 cm
- Kugelschreibermine, 10,5 cm lang

SCHNEEMANN MIT RUNDEM BAUCH

- 3 Scoubidoubänder in Weiß, 1 m lang
- Scoubidouband in Rot, 20 cm lang
- Draht, ø 6 mm, 20 cm und 6 x 5 cm lang
- Holzperle, ø 2,5 cm, weiß bemalt
- Holzperle in Rot, ø 8 mm (als Nase, mit dem Cutter halbieren)
- 5 Holzperlen in Schwarz, ø 8 mm
- Faden in Schwarz

KNOTEN

- runde Scoubidou mit 3 und 4
- Kettknoten

Schneeflocken

→ sorgen für Schnee im Haus

MATERIAL SCHNEEFLOCKE MIT ARMEN

- 3 Scoubidoubänder in Weiß
- Scoubidouband mit Drahteinlage in Weiß, 8 cm lang (bleibt übrig)
- Holzperle, ø 2 cm, hautfarben bemalt
- 2 Holzperlen in Weiß, ø 8 mm
- Folie in Weiß (z. B. aus Schnellhefter)
- Draht, ø 0,65 mm, 10 cm, und ø 0,4 mm, 5 x 6 cm lang

SCHNEEFLOCKE IN SILBER-WEISS

- je 1 Scoubidouband in Transparent und Silber, 60 cm lang
- 2 Scoubidoubänder in Weiß, 60 cm lang
- Holzperle, ø 2 cm, hautfarben bemalt
- Folie in Weiß (z. B. aus Schnellhefter)
- Draht, ø 0,65 mm, 10 cm, und ø 0,4 mm, 5 x 6 cm lang
- 2 Wackelaugen, ø 3 mm
- Nylonfaden
- Kristallperle, ø 1,2 cm

KNOTEN

- runde Scoubidou mit 3 und 4

Schneeflocke mit Armen

1 Aus der Folie den großen Schneekristall ausschneiden.

2 Die 3 Schnüre parallel legen und nach 10 cm mit 1 Überhandknoten zusammenfassen. 9,5 cm runde Scoubidou mit 3 knüpfen, dabei nach dem 1. Knoten den längeren Draht einstecken und rund um den Draht weiterknüpfen.

3 Den Überhandknoten lösen. Das Drahtende abzwicken, die 6 Schnüre durch das Loch im Schneekristall ziehen und alle Schnüre durch die bemalte Holzperle ziehen. Aus 1 Band eine Öse legen und das Bandende wieder in die Kugel kleben (mit einer Vorstechnadel o. Ä. einschieben).

4 In die restlichen Schnurenden die Drahtstücke stecken und über eine Stricknadel kräuseln. Die Locken am Kopf festkleben.

5 Den 8 cm langen Bandrest mit Hilfe einer Häkelnadel oder Vorstechnadel als Arme durch die Knotenösen ziehen. Die Schnurenden mit je einer Kugel bekleben.

Schneeflocke in Silber-Weiß

1 Die Schneeflocke wie die Schneeflocke mit Armen arbeiten, jedoch mit 4 Bändern runde Scoubidou mit 4 knüpfen und als Halskrause den kleinen Kristall auffädeln. Die Augen aufkleben.

2 6 Bänder durch die gestaltete Holzperle ziehen, 2 in der Mitte abschneiden, wie beim anderen Engel eine Schlaufe formen und 5 Bänder zu Locken kräuseln und ankleben. Am Nylonfaden die Kristallperle einhängen.

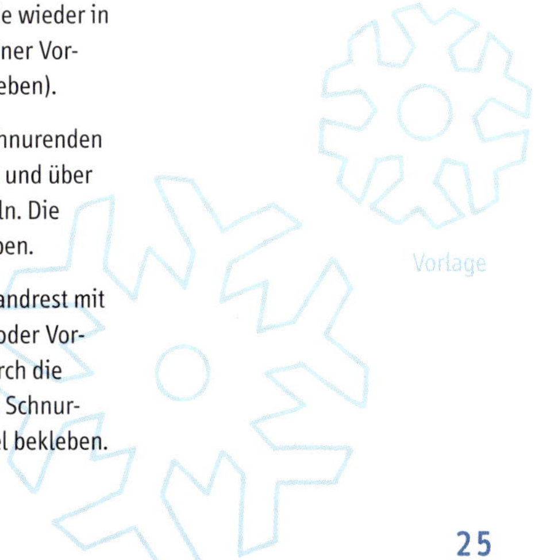

Vorlage

MATERIAL GEDREHTER BAUM

- je 1 Scoubidouband in Gold, Hellgrün transparent und Dunkelgrün transparent
- je 1 Scoubidouband in Dunkelgrün und Dunkelgrün transparent, 60 cm lang
- Scoubidouband in Gelb transparent, 10 cm lang
- Draht, ø 0,4 mm, 14 cm lang

BAUM MIT STERN IN DER MITTE

- je 1 Scoubidouband in Gold, Grün transparent und Grün
- 2 Scoubidoubänder in Gelb, ca. 12 cm lang
- Draht, ø 0,6 mm, 2 x 10 cm, und ø 0,4 mm, 2 x 15 cm lang

KNOTEN

- runde Scoubidou mit 3 und 4
- eckige Scoubidou mit 4
- spiralförmige Scoubidou mit 6, 8 und 10

Weihnachtsbäume

→ originell

Vorlage

Gedrehter Baum

1 Der Baum wird von oben nach unten gearbeitet. Je 1 transparente und 1 goldfarbene Schnur mitteln und zusammenbinden.

2 6 Reihen runde Scoubidou mit 4 arbeiten. Vor dem Festziehen der letzten Reihe 1 lange dunkelgrüne transparente Schnur einlegen.

3 6 Reihen spiralförmige Scoubidou mit 6 weiterknüpfen; das goldene Band dient als Leitschnur. Wiederum vor der letzten Reihe 1 dunkelgrüne kürzere Schnur senkrecht in die Mitte einlegen.

4 6 Reihen spiralförmige Scoubidou mit 8 knüpfen und wieder mittig 1 dunkelgrüne transparente Schnur einlegen.

5 6 Reihen spiralförmige Scoubidou mit 10 arbeiten und vor dem Festziehen der letzten Reihe Klebstoff auftragen.

6 Die Schnüre straff anziehen und als Baumstamm aus den mittleren 4 Schnüren 5 Reihen eckige Scoubidou mit 4 fertigen. Hier wieder vor dem Festziehen der letzten Reihe Klebstoff aufbringen. Alle Schnüre abschneiden.

7 Für den Stern den Draht in die gelbe Schnur stecken und beidseitig überstehen lassen. Die Schnur in Zickzack legen (Zackenlänge 8 mm), zu einem Stern formen, mit Draht zusammenbinden und die Drahtenden in die Baumspitze kleben.

Baum mit Stern in der Mitte

1 Den Baum von oben nach unten knüpfen. Die transparente und goldfarbene Schnur mitteln und zusammenknoten. 4 Reihen runde Scoubidou mit 4 knüpfen. Vor dem Anziehen der letzten Reihe die grüne Schnur einlegen.

2 Die Schnüre teilen und zwei Stränge zu je 23 Reihen runde Scoubidou mit 3 aus je 1 grünen, 1 transparenten und 1 goldfarbenen Schnur arbeiten; dabei nach dem 1. Knoten jeweils ein 10 cm langes, dickeres Drahtstück in die Mitte stecken und mit einknüpfen. Die Drahtenden abzwicken.

3 Den Baum formen. Die Bänder wieder zusammennehmen und als Stamm 8 Reihen eckige Scoubidou mit 4 arbeiten; dabei über die 2 grü-

nen Bänder in der Mitte knüpfen und diese nach ca. 4 Reihen abschneiden. Vor dem Festziehen der letzten Reihe etwas Klebstoff auftragen, straff anziehen und die Schnurenden und den Draht abschneiden.

"orlage

4 Für die Sterne den dünnen Draht in die gelben Schnurreste stecken und die Schnur im Zickzack nebeneinander legen (ca. 7 mm Zackenlänge). Die Sternform legen, mit den überstehenden Drahtresten zusammenbinden und in den Baum kleben.

Elch und Rentier

→ warten aufs Christkind

MATERIAL

ELCH

- 3 Scoubidoubänder in Braun
- 2 Wackelaugen, ø 3 mm
- 4 Holzperlen in Braun, ø 6 mm
- Draht, ø 0,6 mm, 2 x 6 cm (Geweih), 15 cm (Wirbelsäule) und 2 x 7 cm lang (Beine)

RENTIER

- 3 Scoubidoubänder in Grau
- Scoubidouband in Rot, 10 cm lang
- 2 Wackelaugen, ø 3 mm
- 4 Holzperlen in Schwarz, ø 6 mm
- halbierte Holzperle in Rot, ø 6 mm (Nase)
- Metallglöckchen in Rot, ø 1 cm
- Draht, ø 0,6 mm, 2 x 6 cm (Geweih), 15 cm (Wirbelsäule) und 2 x 7 cm lang (Beine)

KNOTEN

- eckige Scoubidou mit 4
- rechteckige Scoubidou mit 6
- Weberknoten

1 Elch und Rentier werden bis auf das Geweih gleich gefertigt. 1 Band mitteln und nach ca. 7 cm 1 weiteres Band mit 1 Weberknoten anknoten. 10 weitere Weberknoten arbeiten, dabei den Wirbelsäulendraht parallel zu den Leitschnüren mitführen.

2 Als Hals 2 eckige Scoubidou mit 4 knüpfen; dabei vor dem Anziehen des 2. Knotens das 3. Band senkrecht in die Knotenmitte einlegen.

3 Die Schnüre fest anziehen und die Enden der neu eingelegten Schnur als Leitschnüre für 15 Reihen rechteckige Scoubidou mit 6 verwenden. Den Wirbelsäulendraht immer in der Mitte mitführen.

4 Die beiden Bänder in der Mitte hängen lassen und aus den restlichen 4 Schnüren 2 Reihen eckige Scoubidou mit 4 arbeiten.

5 Vor dem Festziehen des letzten Knotens wenig Klebstoff auftragen. Die Enden abschneiden. Die Schlaufe vom Anfang aufschneiden und jeweils in die Enden ein Stück Draht für das Geweih einstecken.

6 Für den Kopf das Weberknotenband nach dem 4. Knoten nach unten umknicken und die Enden der Geweihschnüre mit den eingeschobenen Drähten nach dem 8. Weberknoten von unten nach oben durch den Knoten stecken (mit Vorstechnadel oder Ähnlichem weiten). Das Elchgeweih mit einer kleinen Rundzange formen. Für das Rentier im Abstand von 1 cm jeweils 3 kurze Schnüre anknoten und die Enden kürzen. Evtl. die halbe Holzkugel und die Wackelaugen aufkleben. Das Glöckchen an einem roten Schnurrest umbinden.

7 Für die Beine in 2 je 7 cm lange Bänder Drahtstücke gleicher Länge stecken. Die Beine jeweils durch eine zuvor geweitete Knotenöse am Bauch ziehen und umknicken. Auf die Enden jeweils eine Holzperle kleben.

MATERIAL KLEINER SCHORNSTEINFEGER

- 3 Scoubidoubänder in Schwarz
- 2 Scoubidoubänder in Schwarz, ca. 30 cm lang
- Scoubidouband mit Drahteinlage in Rot, ca. 12 cm lang
- Silberdraht, ø 0,6 mm, 4 x 5 cm lang
- Holzperle, ø 2 cm, hautfarben bemalt
- Velours-Zylinder, ø 4 cm

LEITER

- 2 Scoubidoubänder mit Drahteinlage in Schwarz, 9 cm lang
- Scoubidoubandreste in Schwarz (bleiben übrig)

BESEN

- Scoubidouband mit Drahteinlage in Schwarz, 20 cm lang
- 4 Scoubidoubänder in Schwarz, 2 cm lang
- Holzperle in Schwarz, ø 6 mm

GROSSER KAMINFEGER MIT HERZ

- 4 Scoubidoubänder in Schwarz, 70 cm lang
- 4 Scoubidoubänder mit Drahteinlage in Schwarz, 30 cm lang
- Scoubidouband mit Drahteinlage in Rot, ca. 12 cm lang
- Holzperle, ø 2 cm, hautfarben bemalt
- je 2 Holzperlen, ø 1,2 cm und ø 1,5 cm, schwarz bemalt
- halbierte Holzperle, ø 5 mm (Nase)
- 2 Wackelaugen, ø 4 mm
- Velours-Zylinder, ø 4 cm
- Herz aus Holz oder Moosgummi in Rot
- Faden in Rot
- Draht, ø 0,6 mm, 15 cm lang

KNOTEN

- runde Scoubidou mit 3 und 4
- rechteckige Scoubidou mit 6
- Weberknoten
- Kettknoten

Kaminfeger

→ Glücksbringer nicht nur zu Neujahr

Kleiner Schornsteinfeger

1 Den Kopf wie abgebildet gestalten. Die 3 langen Bänder mitteln und mit 1 Überhandknoten zusammenfassen.

2 Für den Körper 1 Reihe rechteckige Scoubidou mit 6 knüpfen. Vor dem Festziehen der nächsten Reihe parallel zu den Leitschnüren die 2 kurzen Bänder als Arme einlegen. Weitere 6 Reihen rechteckige Scoubidou mit 6 arbeiten.

3 Für die Beine die Bänder teilen und 11 Reihen runde Scoubidou mit je 3 fertigen. Dabei nach dem 1. Knoten ein Drahtstück einstecken. Der Draht bleibt immer in der Mitte.

4 Für die Füße den Draht in einem Winkel von 90 Grad nach vorne legen und aus 1 Leit- und 2 Knüpfschnüren 2 feste Weberknoten arbeiten. Den Kaminfeger umdrehen, auf die Unterseite etwas Klebstoff streichen und 1 weiteren, sehr festen Weberknoten unter die 2 anderen knüpfen. Die Bänder abschneiden.

5 Für die Arme an jeder Seite ein Drahtstück einziehen, jeweils 8 Kettknoten knüpfen, mit 1 Band zusammenbinden und für die Finger die Bandenden längs einschneiden.

6 Den Überhandknoten vom Anfang lösen und durch die Kopfperle die Schnüre ziehen (evtl. das Loch größer bohren). Den Zylinder aufkleben und den Schal umbinden.

7 Aus dem angegebenen Material eine Leiter binden. Die Holme sind ca. 9 cm lang. Dazwischen nach

ca. 1 cm die Querstreben beidseitig anknoten.

8 Für den Besen auf das ca. 20 cm lange Schnurstück die Perle ziehen. An das andere Bandende die 2 cm langen Schnurstücke binden. Den Besen aufwickeln. Dem Kaminfeger Besen und Leiter in die Hand geben.

Großer Kaminfeger mit Herz

1 Die 4 langen Bänder parallel legen und nach ca. 4 cm mit 1 Überhandknoten zusammenbinden.

2 Ca. 10 cm runde Scoubidou mit 4 knüpfen. Dabei nach dem 1. Knoten den Draht einstecken und um den Draht herum arbeiten.

3 Den Überhandknoten vom Anfang lösen. Das Knotenband zu einem Kreis legen und zum Zusammenfügen aus 4 Schnüren runde Scoubidou mit 4 über die 4 übrigen Bänder knüpfen. Alle Schnüre fest anziehen.

4 Die mittleren Schnüre abschneiden und die restlichen 4 Knüpfschnüre durch die bemalte und mit Nase und Wackelaugen beklebte Kopfperle ziehen. Mit 2 Schnüren eine Schlinge legen und am Kopf anknoten.

5 Mithilfe einer Vorstechnadel je ein 30 cm langes Band für Arme und Beine einziehen, mitteln und durch eine Knotenöse ziehen. Je 8 Kettknoten arbeiten und die Schnurenden in je eine Holzperle kleben.

6 Den roten Faden durch eine Knotenöse ziehen und das Herz anknoten. In den Zylinder eine kleine Öffnung schneiden und die Aufhängung durchziehen.

7 Die Leiter wie beim kleinen Schornsteinfeger beschrieben arbeiten. Den Schal umbinden.

Vorlage

Zuckerstangen

→ einfach süß

MATERIAL PRO STOCK

- je 1 Scoubidouband in Weiß und Rot
- Draht, ø 0,65 mm, 10 cm lang

KNOTEN

- runde Scoubidou mit 4

1 Die 2 Bänder mitteln, zusammenknoten und den Draht mit runden Scoubidou mit 4 einknüpfen (Gesamtlänge 9,5 cm). Die unterschiedlichen Muster kommen zustande, wenn man die roten und weißen Bänder entweder im Wechsel (rot – weiß – rot – weiß) oder nebeneinander (rot – rot – weiß – weiß) legt oder immer nach 5 Knoten die Richtung wechselt.

2 Vor der letzten Runde etwas Klebstoff auftragen und die Enden fest anziehen. Die Schnüre abschneiden und die Stange zurechtbiegen.

IMPRESSUM

FOTOS: frechverlag GmbH, 70499 Stuttgart; Fotostudio Ullrich & Co., Renningen
DRUCK: frechdruck GmbH, 70499 Stuttgart

Auflage:	5.	4.	3.	2.	1.	
Jahr:	2008	2007	2006	2005	2004	[Letzte Zahlen maßgebend]

ISBN 3-7724-3321-9
Best.-Nr. 3321